Elämää oppimassa
Topeliuksen lastenrunoja

Elämää oppimassa, Topeliuksen lastenrunoja

Toimittanut *Tuula Pere*
Taitto ja ulkoasu *Peter Stone*
Kansikuva *Venny Soldan-Brofeldt, Lukemisia lapsille VIII*

ISBN 978-952-357-821-0 (kovakantinen)
ISBN 978-952-357-822-7 (pehmeäkantinen)
ISBN 978-952-357-823-4 (ePub)
Ensimmäinen painos

Alkusanat ja taitto Copyright © 2022 Wickwick Oy

Kustantaja Wickwick Oy
2022, Helsinki

Elämää oppimassa
Topeliuksen lastenrunoja

Toimittanut Tuula Pere

SISÄLLYS

Alkusanat 4

Mitä sinun tulee rakastaa. 6
Säilytä kruunus. 8
Kun ruusuilla maataan. (Satu.) 10
Rahjus. 16
»Parempia ja huonompia.» 20
Pikku ressu tai ryppyinen esiliina. 24
Kansakoululasten laulu koulumatkalla. 28
Tyttökoulu mummon aikana. 30
Köyhäin lasten kiitoslaulu:
    Suomen vuodentulon johdosta, syksyllä 1868. 32
Suojelusenkelin ääni. 36

Viitteet 41

ALKUSANAT

Runot ovat tärkeä osa Zachris Topeliuksen (1818—1898) lastenkirjallisuutta. Suomen kansan satusedän aihepiirit vaihtelevat hänelle ominaisella tavalla lapsen elämän pienistä ja suurista kokemuksista maailmoja syleileviin tuntemuksiin.

Topelius säilytti koko ikänsä yhteyden lapsenomaiseen mielikuvitusmaailmaan. Hänen antautuessaan sadun ja runon matkaan rajat tavallisen arjen ja yliluonnollisen maailman välillä katosivat. Kirjailijan tarjoamat sisällöt kehittyivät elämän matkalla yhä syvemmiksi ja merkityksellisemmiksi.

Lapsen mahdollisuus oppia uutta ja kasvaa aikanaan kantamaan omaa vastuutaan maailmassa – erityisesti isänmaan hyväksi ja Luojan kunniaksi – olivat lempeästi mutta lujasti esillä Topeliuksen tuotannossa. Hänen ainutlaatuinen luontoyhteytensä on myös vahvasti läsnä.

Tähän kirjakokoelmaan on koottu Topeliuksen lastenrunoja, sellaisina kuin ne on julkaistu Lukemisia lapsille -kirjasarjassa (osat I–VIII) vuosina 1927–1930. Myös kuvituksena on käytetty kirjojen suomalaisten ja ruotsalaisten taiteilijoiden töitä.

Topeliuksen lastenrunoja -kokoelmaan kuuluvien kirjojen nimistä käy ilmi kussakin osassa painottuva aihepiiri.

Luonnon sylissä
Lapsen askelin
Elämää oppimassa
Vuodenkierto
Joulun aikaan

Antoisia lukuhetkiä kaikille Topeliuksen ystäville!

Porkkalanniemellä, 10.9.2022

Tuula Pere
OTT, lastenkirjailija
Topelius-seura ry:n puheenjohtaja

MITÄ SINUN TULEE RAKASTAA.

Yli itses rakasta kotias
ja äidin, isän kunniaa;
mut ennen näitä Suomeas
ja yli kaiken Jumalaa!

Ain ohi loiston silmäs luo;
on hyve kultaa enemmän.
Ei omantunnon rauhaa suo
näät valta turhanylpeän.

Tee työtä, sitä rakastain,
ja talttumatta laiskuuteen;
rakasta vapautta vain,
äl' ylhäisyyttä kahleineen.

jos näin sä taidat rakastaa,
ja vältät harhain turhat tiet,
niin nöyrään etsi Jumalaa:
vain lapsi pieni sentään liet.

Laps pieni, puutteellinen, oi —
ja totta myöskin synnikäs;
et itse täällä mitään voi,
et mitään tiedä itsestäs.

Mut rukoile, ett' toimes, työs
jäis Isän käteen ohjaavaan,
niin voiman saat ja tajun myös
ja valmis olet maailmaan.

Kun kasvat aina muistaen
työt rakkauden oikean,
oot silloin iloks ihmisten
ja iloks taivaan Jumalan.

SÄILYTÄ KRUUNUS

Sa pikku ystävä, kirkas, kaino,
Sua älköön löytäkö mailman vaino!
Olet taivaan lapsi sa viaton,
et tiedä, sulla sen kruunu on.
Oi, kruunus säilytä! Säilytä kruunus!

Voi mietteet häijyt ne viehtää mieltäs,
ja paljon syntiä tapaat tieltäs.
Ne kalliin aartehes riistäis pois,
ja muuttais yöksi sun aamunkois.
Oi, kruunus säilytä! Säilytä kruunus!

Kun lauseet kuulet: jo ikää karttui,
on uskos turha, jo järkes varttui;
vain lapsi laupias rukoilee,
olet suuri nyt, toki toisin tee:
Oi, kruunus säilytä! Säilytä kruunus!

Sa taivaas säilytä, onnen ruskos
ja rakkaus Herraan ja elon uskos,
myös riemus, murheesi kevyet,
ja kevätpäiväsi kasteiset!
Oi, kruunus säilytä! Säilytä kruunus!

Niin moni tahtoisi kruunus voittaa,
hän turhaan etsii, hän turhaan koittaa,
hän kysyy vain, mut ei vastaa ken. —
Sa taivas säilytä sydämen!
Oi, kruunus säilytä! Säilytä kruunus!

KUN RUUSUILLA MAATAAN.
(SATU.)

Oli kerran poika sekä tyttö kanssa;
he muuten oli sievät tavoiltansa,
mut kahta seikkaa ei he oppineet:
ei tehneet työtä, eikä totelleet.

Ol' nimet Frans ja Mimmi. Perhoin lailla
he liehuivat vain metsissä ja mailla,
ja nukkumaan kun vihdoin uupuivat,
vain uusiin leikkiin lensi unelmat.

»Tää ei käy päinsä», äiti usein haasti,
ja samaa isä lausui tarmokkaasti:
»Ei, lapset rakkahat, ei tää käy päin;
ei leikkiä voi elon pitkään näin.

Kai pitää panna lapset koulun oppiin,
niin saavat tietojakin aivokoppiin.» —
Niin Frans ja Mimmi kouluun pantihin,
ja kohta toinen leikki alkoikin.

On raskast' istuskella hiljaa aivan
Ja läksyt. — Niistä vasta saikin vaivan!
Ja sitten tuli laiskansairaus.
Ja siitä seuras pieni tukistus.

Sai lupapäivän koko koulu kerran.
»Jos, isä, soutaa saamme hiukan verran?»
»No, saatte, mut ei kauas viillettää,
ja tulkaa kotiin ennen seitsemää.»

»Niin, kyllä, kyllä!» Nytkös ilo nousi!
Ja lapset riemuin likisaareen sousi.
Siell' loisti suuret, kauniit mustikat,
ja kuinka söivät he ja juoksivat!

»Mut mansikkaan jos toiseen saareen soutaa
vain tohtisimme!» — »Emme taida joutaa.»
»Kas, näätkö punamarjain väikkyvän?
Ja viel' ei kellokaan lie seitsemän.»

No, sinne mansikkaan he sousi vielä.
Niin ihanaa ja hauskaa oli siellä!
»Mut katsos muurainsaarta! Katsos oi!
Sen ihan keltaisena nähdä voi.»

»Mut isä kielsi» — »Niin, kai isä kyllä,
mut hänet lepytämme hyväilyllä,
Pian tästä sinne veneen käännytän,
ja kello vielä ei lie seitsemän.»

Niin sousivat he Muurainsaarta kohti.
Oi, kuinka mättäät muuraimista hohti.
Nyt mielin määrin noita herkkujaan
söi Frans ja Mimmi vapaamatkallaan.

Mut viimein lapsille ei marjat maita.
»Nyt kotiin.» — »Niin! Mut miten tuon on laita?
Ei tuota saarta ennen nähtykään:
Kas, ruusuja se hehkuu yltänään!

Jos vielä pistäytyis ruusustoissa!»
»Ei tohdi, liikaa viivyttiin jo poissa!»
»Vain pikku hetkiseksi! Vielähän
ei kello varmaan liene seitsemän.»

»No, hetkeks' vain!» He soutelua jatkaa.
Mut Ruususaareen onkin vasta matkaa.
Kun vihdoinkin he maihin nousivat,
kuink' ihanasti tuoksui rantamat!

»Kas ruusuja!» Nyt poimia he voivat!
He helmat täydet ruusuja vain toivat.
»Mut mik' on kaunein?» — »Tää on ihanin.»
»Oi, ei, ei varmaan! Tää on suloisin!»

Pois hetket hiljaa hiipii. Päivä peittyy,
yön siimeet yli maiden, vetten heittyy.
Nyt vasta hämmästyksin nähdähän,
ett' onkin kello yli seitsemän.

Ja riita syntyi: »Kenen syy on tässä?
Ei kotiin voida soutaa pimeässä.»
Ei tupaa, paikkaa, missä vietät yös!
Ja Frans jo pelästyi ja Mimmi myös.

He itkuun puhkesivat: »Voi nyt isää,
ja voi nyt äitiä!» Mut yö se lisää
vain varjojaan ja peittyy pimeään,
ja tuskin edessäs näät kättäskään.

Nyt sylityksin istumaan he vaipuu,
siks kunnes vilu, itku sekä kaipuu
sai heidät ruusustossa uinuksiin.
He kauan nukkuivat, ain aamuun niin.

Ja aurinko jo paistoi korkealta
kun heräs lapset. On kuin outo valta
nyt silmät lumois. »Missä olemme?
Ah, Herran kiitos, yö on ohitse!»

»Nyt soutamaan!» — »Niin, kotiin!» Matkaan lähtiin
mut viipyi kauan, kunnes vihdoin nähtiin
taas kotiranta. Tultiin valkamaan,
ja seutuja he katsoi kummissaan.

»Ei tuota laituria ollut eilen.
On hiekkaa sannoitettu puistoteille,
ja katsos puita, kuink' on kasvaneet!
Me raukat varmaan liemme eksyneet.»

»Ei, — tuoss' on kivi, jolta säynään saimme,
ja lahti, josta simpukoita haimme.
Jos mennään edelleen!» Niin vaeltain,
he näkee outoa ja uutta vain.

Syreenimaja tuoss' on tuoksuvainen.
Kaks vanhusta on siinä, mies ja nainen.
Heit' ennen ei he olleet nähneetkään,
ja lapset tervehtivät hämillään.

»Mit' asiaa?» mies tervehdykseen lisää.
»Me etsimme vain äitiä ja isää.»
»Ja nimet sitten?» — »Olen Frans.» — »ja mä,
mä olen Mimmi». — »Mitä ihmeitä!»

»Frans! Mimmi! Nehän nimet lapsiemme,
jotk' aikaa sitten hukkui suruksemme.
He kerran lähti tuonne soudellen
ei kuultu heistä koskaan jälkeen sen.»

»Ei, emme hukkuneet. Me viivähdimme
ja Ruususaareen vain me soutelimme.»
»Vai Ruususaareen? Kumma kuitenkin!
Jos lapset kadonneet he oliskin!»

Tuon kuultuaan, jo ääneen lausui lapset:
»Mut entä, jos nuo vanhat harmaahapset
ois isä, äiti, vaik' on ihmeinen
tuo muutos heissä sitten eilisen!»

Ja syleilyyn he toisensa jo sulki,
ja mainittiin taas rakkaat nimet julki.
Mut syleiltyään kauan lapsiaan,
isä käy surumielin puhumaan:

»Ah, lapsiraukat, Ruususaareen jäitte,
te ruusuill' unta petollista näitte.
On saari lumottu ja aika sen,
näät vuosi siell' on tunti lyhkäinen.

»Kakskymment' tuntia vain teiltä meni
kai leikkiin, uneen siellä, lapsoseni.
Mut ette sentään eilen lähtenyt:
kaksikymmentä on vuotta siitä nyt!»

Niin, parhain nuoruus, elon kaunein aika
on hukkaan heiltä hälvennyt kuin taika.
Mit' ovat oppineet? Ei hiukkaakaan!
Mit' unessa ja leikeiss' opitaan?

Muut toverit kun ikään samaan
pääs tiedon, taidon tiellä kohoamaan,
niin Frans vain tiesi ensi alkehet,
ja Mimmi tuskin tunsi kirjaimet.

Siks täytyikin nyt heidän vanhoillansa
kuin pikku lasten alkaa uudestansa.
Kun viimein Frans ol' ylioppilas,
hän oli nelikymmen-vuotias.

Ja Mimmi lukemaan kun oppi kerran,
ja taisi yhtä toista tarpeen verran,
jos mieli päästä rouvaks myöhempään,
hän juuri täytti seitsenneljättään.

Ja milloin nuoria he olla koitti
ja niinkuin muut he leikki, tanssi, soitti,
niin kaukaa nähtiin heidän korvillaan
jo tukan verhouvan hopeaan.

Frans pyrki, mut ei päässyt tuomariksi,
jäi kirjuriks ja yltyi juomariksi.
Mut Mimmi, elämänsä vanhuuden,
ol' ikäneito laiha, kärttyinen.

Niin kävi heidän, kuten liette nähneet,
kun eivät totelleet ja työtä tehneet.
Ja niin on varmaan käyvä jokaisen,
ken lepää ruusuill' ajat nuoruuden.

Ei opi hän, ken huviaan vain muistaa,
näät vuodet silloin hetkinä vain luistaa;
ja ennenkuin voit arvatakaan tän,
on elon kello lyönyt seitsemän.

RAHJUS.

Oli kerran poika, nimeltänsä Rahjus,
ja hiljainen ja siivo, mutta nahjus.
Jos sääsket vaikka kuinka purreet ois,
ei viitsinyt hän ajaa niitä pois.

Hän oli laiska, — laiskako? Voi taivas!
kun makas mättäällä, ja jano vaivas,
ja lähde oli sylen päässä vain,
ei juomaan noussut, vaan jäi makaamaan.
Luon' isän, äidin sängyssään hän loikoi
ja katsoi kattoon, sääriänsä oikoi.
Ois sairaaks hänet luullut, — vielä vai?
Kuin säkkiin ruuat menemään hän sai;
niin hauska maata oli nulikasta,
ja antaa toisten syöttää niinkuin lasta.

Ja isä lausui: ylös, kujeines!
Kun isäs raataa, häpee maataksesi.
Nous' ylös vain! Jo kuokkia sa jaksat,
on tarvis väkeä, mut milläs maksat! —
Nyt äiti säikähti. — Ei käy se päin,
Kun viel' on poika raukka pieni näin!
Ja kevääll' lapsen hampaitakin särki,
nyt käypi vielä polveen kuokankärki.
Miks pelästytät lapsen unistaan?
Ei, anna Rahjus-raukan maata vain.

Löi isä uuninkyikeen piipunperää
ja lausui: riittää saa jo tällä erää,
Vai luulet työttä miehen syntyvän?
Ei vielä osaa aakkosia hän,
mut Rannan Kalle pääsi aapiskukkoon . . .
Ei kuoki? Lukekoon siis. — Sillä lukkoon!

Sai sanan lukkari. Hän saapui niin,
ja päivän pitkään siinä tavailtiin,
mut Rahjus loikoili ja vilkui kattoon,
vain haukotellen sääskiparven rattoon.
Niin, siin' on A, kuin hoikka hyttynen,
ja B, niin pyylevä kuin kärpänen.
Tuo kaikki vaikea on saada päähän,
hän tahtois unta vetää, väsyttäähän! —
Kun tuli ilta, sen hän oivaltaa:
jos luulet B:ksi, sano: A!

»Nyt olet oppinut», ties äiti. »Koetat
viel' lisäks kirjoittaa, niin piispan voitat!
Mut vuoteen et sä, Rahjus, peseynyt;
teen kirkkaaks niinkuin auringon sun nyt;
käy saunaan vain, niin kylvyn sulle annan,
ja jollet käydä jaksa, niin ma kannan.»

Niin, possuns' äiti kantoi konttinaan,
ja Rahjus ihmetteli rohkeuttaan.
Mut uusi vaikeus saattoi pulaan aatteet:
»Nyt istu, poika, riisun sulta vaatteet.»
»Häh? Riisutaanko vaatteet saunass' ain?»
»No kuinkas? Ole iloissas nyt vain!»

Mut possu iloissaan ei ollut lainkaan.
Noin kiusattavaks joutuis! Eipä vainkaan!
Ei rohkeus riisumisiin riitäkään;
hän kömpi lautehille sinällään;
ja yllään vaatteet, paidat, takit, housut
hän hikoili, mut paikaltaan ei noussut,
vaan lämpöön jäi ja löylynvihat sai
ja nukahti ... ja nukkuu vielä kai.

Sain kuulla joskus lassa pienoisena,
tään sadun neuvona tai kiitoksena.
Jos joskus riisumatta nukahdin,
niin kuulla sain: nyt maata menitkin,
kuin Rahjus löylyyn, vaatteet kaikki yllä!
Mä ylös äkkiä! Vai tahtois ken
noin jäädä sananparreks' ihmisten
tai ilveeks, vaikk' on kuollut? — Eipä kyllä!

Voi Rahjus raukkaa! Niin, mit' auttaakaan,
jos maailmassa säästää vaivojaan
ja katsoo laiskanmahtavana vain,
kun sääsket kaartelevat katon rajaa,
jos kouvoks jää, mi lapset unest' ajaa?

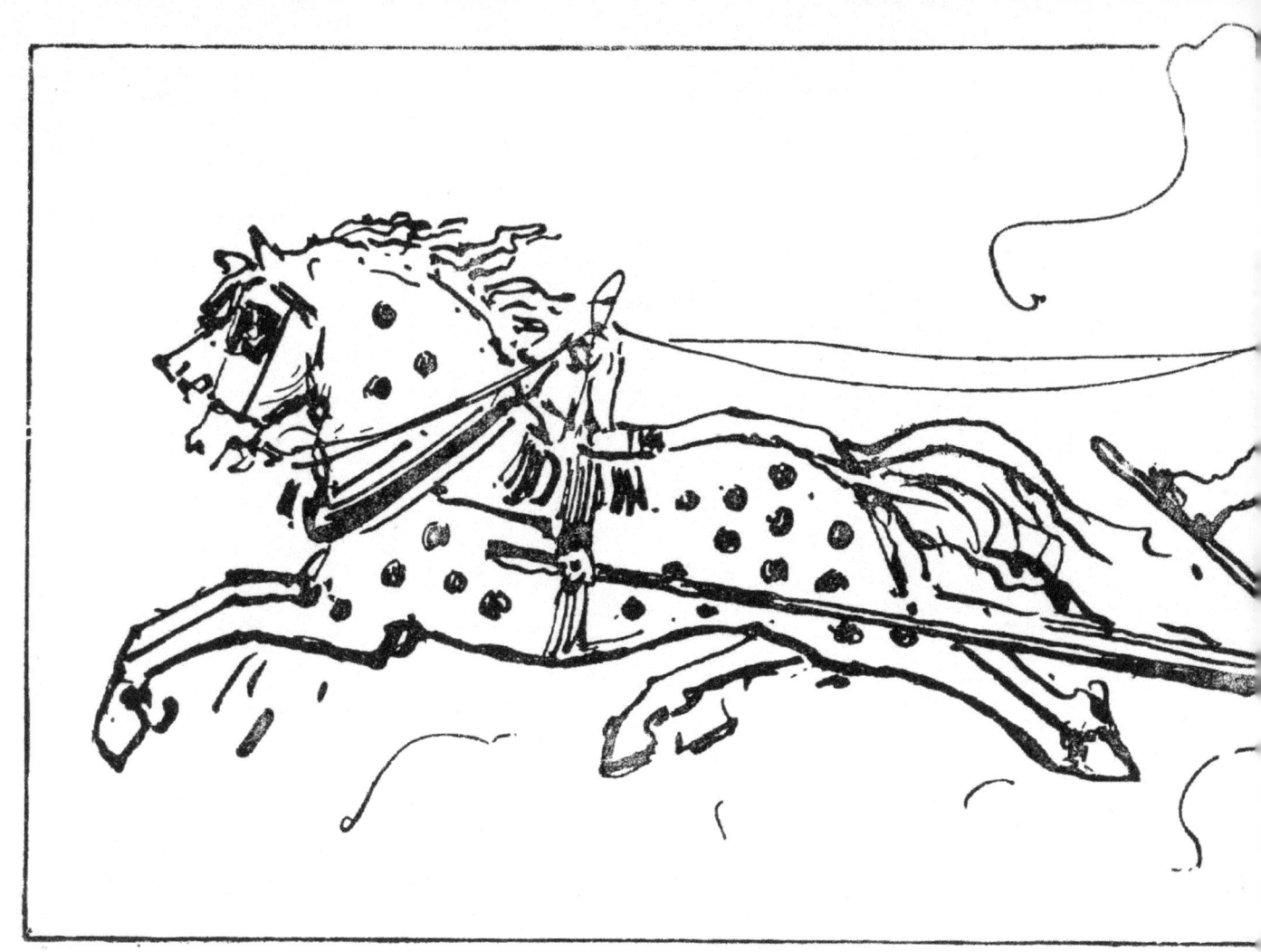

»PAREMPIA JA HUONOMPIA.»

Oisit nähnyt Julian
ohi tästä ajavan,
hienona ja keikkaniskoin,
kapassaan ja hattupäin,
ynseästi päätään viskoin.
Istuessaan vaunuissaan
tervehti hän kopeaan.

Kouluun sisään tullen hän
nosti nenänypykän.
Monta köyhää lasta siellä
istui vait ja kainostain,
yllään halvat vaatteet vain.
Kohta Julia herrasmiellä
yläpenkkiin istahtaa,
mutta silloin, — arvatkaa!

Silloin, kursaamatta lain,
ilman muuta, suoraan vain
johtajatar astui luokse,
tytön alemmaksi vei:
siin' ei auta väitteet, ei!
»Älä, laps, niin ylös juokse,
ennenkuin sa ansaitsit
paikan, jota tavoitit.»

Häpeissään ja harmissaan
palas tyttö kotiaan.
»Äiti hyvä, kuules vainkin,
koulussa ne istuvat
yläpäässä huonommat,
mutta minä siellä sainkin,
halvan paikan. Niin nyt vaan
parempia kohdellaan!»

Murheiseks sai äidin tuo:
»Pannaan pois siis vaattees nuo,
kappas, hattus, koristeesi.
Käydä saat sa puvussa,
kuten köyhäin suvussa;
itse paikkaa repaleesi.
Tuntemaan käy kohdaltas
parempas ja huonompas.»

Tuoko totta? Tyttönen
luuli ensin leikiks sen.
Mut jo syntyi hätä suuri,
kun se totta olikin.
Julia köyhäks tehtihin,
torpantytön laisna juuri
joutui kouluun kulkemaan,
pantiin paikkaan alimpaan.

Hetki raskas oli kait,
kiukuissaan hän istui vait.
Silloin eräs lapsukainen,
'joukkiota huonompain',
tuli luokse, lohduttain. »Älä huoli
surra vainen»,
hyvä lapsi virkkoi noin. »Ehkä auttaa
sua voin.»

Ensin Julia harmissaan
kääntyi pois. Mut hetki vaan,
jopa kylmä sydän suli;
korska häipyy; heltyikin
kuumiin kyynelvesihin.
Itkien hän vastaan tuli:
»Neuvo, kuinka olla voin,
niinkuin sinä, hyvä noin!»

Koulua hän yhä käy,
muutosta ei missään näy.
Köyhyyden sai tyttö tietää,
oppi hätää näkemään,
kovaan leipään tyytymään.
Myös sai joskus ehkä sietää
kirvelevän lauseen tän:
»Huonompia vain on hän.»

Mut jos ylpeys entinen
jälleen pyrki mielehen,
Jumalalta pyys hän silloin,
että voisi erottaa
parempaa ja huonompaa.
Ponnistellen aamuin, illoin
niinpä kouluss' saikin hän
viimein paikan ylimmän.

Tutkintoon jo päästihin.
Siell' on isä, äitikin,
ja he huomas kyynelsilmin
tyttärensä parhaimmaks.
Pidot tehtiin yks ja kaks,
kätköistä jo tuotiin ilmi
helmet, kultaompelut,
tytön kaulaan aiotut.

Silloin Julia sanoi näin:
»Köyhäks jäisin mielelläin!
Kullat, helmet, koruvaatteet
turhuuteen vain johdattaa;
köyhille ne antakaa!
Iloitsen, kun mulle aatteet
Herra toi ja tajunnan
paremman ja ja huonomman.

»Huonompi on korskapää,
tuhma, joka ylvästää,
luullen halvaks pienempänsä.
Parempi on nöyrä tuo,
joka muille hyvää suo,
vaatii paljon itseltänsä.
Omaksensa onnen saa:
se ken Herraa rakastaa.»

TAI RYPPYINEN ESILIINA

Hän luki kouluss' ahkeraan
ja oli köyhä tyttörukka;
hän itse kutoi sukkiaan
ja kulki raitahameessaan,
tuo kirkassilmä valkotukka.

Vaikk' köyhäks tyttö tunnettiin,
on vaatteet puhtaat, siisti nenä;
mut Ressuks häntä sanottiin,
kun esiliina hällä niin
ol' aamuin aina ryppyisenä.

Hän tavas, luki yhtehen
myös »Luonnonkirjaa» hyvin kyllä
ja muisti mallit kirjainten. —
Mit' auttoi tuo, kun ryppyinen
häll' esiliina oli yllä.

»Miks esiliinas rypistit?»
opettajatar puhui toruin.
»Kai tuhkassa sen laahailit,
tai possuin kanssa pelmusit,
mut siitä tulee paikat poruin!»

PIKKU RESSU

Ja Ressu nuhteet — tietää sen —
vait otti vastaan murhemieliä.
Mut ensi kerta jällehen
on esiliina ryppyinen
ja kummaltakin puolen vielä.

Opettajatar kärttykäs
jo tuskaantui: »Voi, Herran tähden!
Jos huomiseksi ryppyjäs
et pois saa, syytä itseäs,
jos nurkkaan pääset kaikkein nähden.»

Niin! Tiukka määrä pantiin näin.
Ei kiertelyt nyt auta enää.
Ja Ressu parka kotiin päin
vait astui, melkein nyyhkyttäin,
tai niinkuin nuha vaivas nenää.

Niin aamull' osui satamaan
opettajatar tietään käyden;
hän näki Ressun ahkeraan
nyt keräilevän lastujaan
ja vievän kotiin helman täyden.

Näät Ressu aina aamuisin,
kun haikoihin ei rahat riitä,
noin keräs puita kotihin,
ja äidin armaan varmaankin
ois ollut vilu ilman niitä.

Nyt laita Ressun asiain
ja esiliinan ilmi tuli.
Opettajatar astui vain
kuin Ressua ei huomais lain,
mut sydän hällä helläks suli.

Kun kouluun Ressu saapui näin,
vait, värjyin, punaisena nenä,
niin lapsiliuta kikertäin
jo salaa vilkui nurkkaan päin,
näät taas hän tuli ryppyisenä.

Opettajatar hymyillen
noin virkkoi: »Tules tänne, kulta!
On esiliinas ryppyinen,
mut syyt nyt tiedän ryppyjen
ja nurkkaan meno jää nyt suita.

On kaunis puku tahraton,
ja siistiys on hyvä kyllä;
parempi sydän puhdas on,
näät riemuks sydän viaton
on ihmisten ja Luojan yllä.

Sait esiliinaas rypyt nää,
kun kannoit puita äidillesi.
Siks ota tästä uusi tää!
Sä yhä vielä samaks jää,
ja sama olkoon sydämesi!

Ett' tämä säilyis kiillossaan,
niin teille puita lähetetään.
Ja »Ressuks» jos sua sanotaan,
niin on se kunniakses vaan.
Ei nimi muuten pilaa ketään.»

Niin lausui. Lapset koulun tän
ne kaikki oli samaa mieltä.
Ja Ressun nähtiin hymyyvän,
kun sievä lahja yllään hän
luo äidin riensi kotiin sieltä.

KANSAKOULULASTEN LAULU KOULUMATKALLA.

Me kuljemme nuoruuden keväässä näin
päin koulua aamuisin kiirehtäin.
Me kuljemme syksyt ja talvisäät,
me hiihdämme hanget ja järvien jäät.
Jäi tupa ahtahaks,
käy matka yksi kaksi,
saa rientäjän mielen se riemuisaks.
Päin koulua kulkevi onnekas tie,
ja se Luojan ja totuuden tietohon vie.

Me olemme, Suomi, sun aamunkois,
olet käsiimme huomises uskova pois.
Oras vihreä olemme laihossa sun,
ja tähkän me kasvamme odotetun.
Maa, kasva rauhaisaan
viel' aika lyhyt vaan,
ja jo saavumme puolestas taistelemaan;
me kannamme taakkas ja teemme sun työs
valon voimalla, isien uskolla myös.

Pian kodista lähdemme mailmaankin,
kuni haapojen haituvat keväisin,
mut Herra, mi tietämme johdattaa,
olon meille ja työalan määrätä saa.
Soi, laulu riemuinen,
kuin lähde solisten!
Viel' aika on meilläkin, tiedämme sen.
Me vuottaen käymme, ja Herra sen suo,
ett' tähkä, mi kukkivi, heelmiä tuo.

TYTTÖKOULU MUMMON AIKANA.

Mä myöskin olin pikku tyttö,
mut en niin aivan hiljattain.
Riisryyniä söin taskustain
ja märkänä kuin pesusieni
ma tulin koulust' useinkin,
kuin sinä, liepein valuvin.

Siell' ankarana täti Hanna
kun kysyi katkismuksen lait,
kuin kynttilä niin seistä sait
ja kädet kiltit ristiin panna.
Mut jos vain salaa ilkamoit,
niin varoa sa tukkaas voit.

Ma kirjoitin ja laskin yhteen,
luin Tukholmat ja Pariisit
ja monet muutkin kaupungit,
ja Pietaritkin samaan vyhteen.
Ol' läksy kyllä lyhkäinen,
mut tarkkaan osasimme sen.

Mut aina käsiin lomaan luvun
sai korko-ompelu tai muu.
Se tyttö oli homssantuu,
ken muilla neulotutti puvun.
Oli merkkuuliina kullakin,
miss' A:t ja Z:t nähtihin.

Mun oli sinipunervainen
ja silkkiin tehty, — puitteessa
se vielä riippuu muistona.
Niin, koulu teill' on toisenlainen,
mut neulokaapas niin nyt te
tai kilpaa juoskaa niinkuin me!

KÖYHÄIN LASTEN KIITOSLAULU:
SUOMEN VUODENTULON JOHDOSTA, SYKSYLLÄ 1868.

Vuos sitten mylly seisoi vaan,
ei nähnyt äiti itkultaan,
ja isän käsi herpos,
mut veli vaipui kuolemaan.

Yli meidän sekä maamme, oi,
näät Herra rangaistuksen toi,
kun hänet unhotimme,
vaikk' kyllin kaikkea hän soi.

Kodista meidät pienoiset
vei mieron tielle askelet,
ja Herra yksin tiesi,
miss' yöksi saimme vuotehet.

Vei tiemme tyhjiin pöytihin,
— ken säälii, ken on kovakin —
yösäässä kiertelimme
kuin pyrypilvet talvisin.

Niin hajaannuimme harhaten
kuin syksyn lehdet tuulehen;
ei muistu mieleen enää
puu, miss' on koti jokaisen.

Noin kului talvi kolkon maan,
ken kaatui, hän ei noussutkaan;
nyt taivaan tähdet tuikki,
ja turvasimme Jumalaan.

Taas Herra päivän paistaa soi,
maan kurjan puoleen katseen loi
ja poisti rangaistuksen,
mi viime vuonna kadon toi.

Ja siunas Herra taivaan säät,
taas loisti puut ja tähkäpäät;
ol' ihmeen kaunis suvi
ja syys toi jyvät täyteläät.

On mylly päässyt jauhamaan,
nyt äiti kehrää lankojaan,
nyt isä pui, ja meillä
on lapsuuskoti ennallaan.

Ken nää nyt unhottaisi pois?
Ken kylmänä nyt vaiti ois?
Ei, silloin kun käy mylly,
jo kivet itse haastaa vois!

Ja pelto Herraa julistais,
myös puidut oljet äänen sais,
ja leipäkulta laulais,
ja kukat riihen verhoais.

Mut riemuitsee nyt rinnat nää,
ja lasten mieli nöyräks jää,
ja meidän täytyy laulaa
ja taivaan Herraa ylistää.

Oi, Isä, sulle kiitos on
ja kiitos harras, rajaton,
sa murheen poistit maasta
ja johdit tiemme valohon.

Nyt neuvo meitä seuraamaan
sun pyhää tahtoasi vaan,
ett' osaisimme oikein
sun lahjaas käyttää onneks maan,

ett' ilon aikaan, murheiden
me tuomme Sulle kiitoksen,
ja niin sa meille rauha
suo maallinen ja ikuinen!

SUOJELUSENKELIN ÄÄNI.

Sun enkelisi valkoinen
mi seisoi luona kätkyen,
sua tänään vielä seuraa tuo
ja suojelustaan sulle suo.

Hän, lapsi, sulle haastaa noin:
Oo aina puhdas, viatoin,
ja iloks Luojas, vanhempas, —
äl' ujostele lapsuuttas.

Kuin sinä, lapsi ollut on
mies suurin, urho verraton;
maan viisaat syntyi pieninä,
kuin he voit vielä nousta sä.

Mut suurin ei, ei viisainkaan,
ei uljain mainemieskään maan
hän taivaan iloon tulla saa,
jos lapsenmielen kadottaa.

Sä ylängöillä matkaa teet,
miss" elon riemun lädeveet
ja elon suurtyöt alkuns' saa;
ne sieltä laaksoon kumpuaa.

Mut iäkkäämmät laaksoss' on,
he epäröi, käy taistohon;
tie okainen on etsijäin, —
se vie taas ylänköä päin.

Jää lapsuususkoon, turvaten
vain Herraan kautta Kristuksen,
niin totta kuin se yksin vain
on valos, rauhas nyt ja ain.

Kun kuulet, ettei usko mies,
min lapsikin jo todeks ties,
niin muista: Herran sana jää,
kun maat ja taivaat häviää.

Sä työs, vaikk' olet rikas näin,
tee muiden hyväks nöyrin päin:
myös enkelithän riemuiten
työt Herran täyttää, palvellen.

Vain lapsi olet taidoton,
ja vikas, puuttees monet on,
ja kuljettava sulla lie
viel' elon pitkä opin tie.

Mut Herra on sen väkevyys,
ken nöyrtyin hältä voimaa pyys.
Hän pyhittää ja valistaa
ja ties hän hyvään johdattaa.

Käy työhös innoin uljahin
ja tee se rinnoin riemuisin;
sa ole säde auringon
ja lintu vapaa, huoleton.

Käy eespäin, jätä murheet taa
ja köyhän kanssa leipäs jaa;
ain kainoksi ja hyväks jää;
ja omat vikas ensiks nää.

Rakasta maatas, kotoas
ja jaloks vartu kunnossas;
jos oikeus, totuus vaatii sen,
sa uhraa henkes riemuiten!

Nää sanat enkelisi on.
Ne koko Suomi kuulkohon,
niin käy se kukkaan ihanaan,
näet, lapsi, sun on kevät maan.

VIITTEET

Kirjan runot on koottu Z. Topeliuksen Lukemisia lapsille -sarjasta (LL), osat I-VIII, Werner Söderström Osakeyhtiö, 1927–1930:

Mitä sinun tulee rakastaa. 6
    LL VI, kuva: Väinö Blomstedt

Säilytä kruunus. 8
    LL VI, kuva: Carl Larsson

Kun ruusuilla maataan. (Satu.) 10
    LL IV, kuva: Carl Larsson

Rahjus. 16
    LL I, kuva: Väinö Blomstedt

»Parempia ja huonompia.» 20
    LL III, kuva: Ottilia Adelborg / Venny Soldan-Brofeldt

Pikku ressu tai ryppyinen esiliina. 24
    LL VI, kuva: Ottilia Adelborg / Acke Andersson

Kansakoululasten laulu koulumatkalla. 28
    LL V, kuva: Ottilia Adelborg

Tyttökoulu mummon aikana. 30
    LL III, kuva: Carl Larsson

Köyhäin lasten kiitoslaulu:
    Suomen vuodentulon johdosta, syksyllä 1868. 32
    LL III, kuva: Venny Soldan-Brofeldt

Suojelusenkelin ääni. 36
    LL V, kuva: Acke Andersson

www.ingramcontent.com/pod-product-compliance
Lightning Source LLC
LaVergne TN
LVHW070524070526
838199LV00072B/6697